나침판

시산맥 감성기획시선　099

나침판

시산맥 감성기획시선 099

초판 1쇄 인쇄 | 2025년 1월 10일
초판 1쇄 발행 | 2025년 1월 15일

지은이 솔바람
펴낸이 문정영
펴낸곳 시산맥사
편집주간 김필영
편집위원 신정민 최연수
등록번호 제300-2013-12호
등록일자 2009년 4월 15일
주소 03131 서울특별시 종로구 율곡로6길 36. 월드오피스텔 1102호
전화 02-764-8722, 010-8894-8722
전자우편 poemmtss@naver.com
시산맥카페 http://cafe.daum.net/poemmtss

ISBN 979-11-6243-542-7 (03810) 종이책
ISBN 979-11-6243-543-4 (05810) 전자책

값 12,000원

* 이 책은 전부 또는 일부 내용을 재사용하려면 반드시 저작권자와 시산맥사의 동의를 받아야 합니다.
* 이 책은 교보문고와 연계하여 전자북으로 발간되었습니다.
* 본문 페이지에서 한 연이 첫 번째 행에서 시작될 때에는 〈 표기를 합니다.
* 저자의 의도에 따라 작품의 보조 동사와 합성 명사는 띄어쓰기가 달라질 수 있습니다.

나침판

솔바람 시집

■ 시인의 말

첫 번째 시집에 비해
이번 두 번째 시집은 시가 짧고 부드럽다.

크고 울퉁불퉁하던 돌 뭉치가
마모되어 작고 동그랗게 바뀐 것 같다.

좋은지 나쁜지 판단을 내릴 수 없지만
왜 그럴까 생각해 본다.

세상만사 빛과 어둠이 함께하는 법
우연이든 필연이든 나의 행보, 나의 시….

2024년 초겨울, 솔바람

■ 차 례

1부 삶의 메아리

나침판	19
마음의 소리	20
고요한 소리	21
작은 바람	22
물음표	23
옛 사진을 보며	24
방정식 풀이	26
청소를 하며	28
낚시	30
비눗방울 놀이	32
남해섬 다랑이	34
칼갈이	36
산 중턱에서	37
자	38
풍선 2	39
연	40
러닝머신	41
허수아비	42
다리	43

2부 사계절 순례

눈발	47
눈 오는 날	48
도시의 폭설	50
겨울 안개	52
춘설	54
봄비 1	55
봄비 2	56
봄	57
이슬비	58
함박눈	60
가는 봄	61
폭우	62
무지개	64
소나기	65
장마	66
천둥소리	67
태풍 특보	68
11월	70

3부 꽃, 화양연화

벚꽃	75
틈새에 핀 꽃	76
고흐의 해바라기	78
고목	80
동백꽃	82
목련꽃	84
여의도 벚꽃놀이	86
벌을 바라보며	88
하루살이	90
귀뚜라미 소리	91
갈매기	92
지렁이	94
물	95
밤하늘	96
바람개비 1	97
바람개비 2	98
바람개비 3	99

4부 어두운 그늘

어둠	103
자폐	104
치매	105
병문안을 다녀와서	106
술을 마시면	108
비틀댄다고	110
블랙홀	111
노아의 방주	112
지구 열병	114
2080년	116
제6차 대멸종	118

1부

삶의 메아리

나침판

나침판은 항상 흔들리지
몸을 약간 뒤틀어도, 걸음을 조금 바꾸어도
산들바람보다 사소한 떨림에도
물결같이 흔들리고
촛불처럼 일렁이지
내딛는 걸음마다 머뭇대고 흔들리면서도
나침판은 가야 할 바를 어김없이 찾아간다

마음의 소리

후드득 쏟아지는 빗소리
소곤소곤 속삭이는 이슬비
우르릉 폭포 소리
쏴아 쏴아 산골 시냇물 소리
졸졸 동구 밖 시냇물 소리
출렁출렁 흐르는 강물
철썩철썩 해변을 때리는 파도 소리
따로 또 같은 소리
마음을 두드리는 물소리

기대감에 콩닥콩닥 가슴이 뛰는 소리
불안해 두근두근 가슴 조이는 소리
안타까워 혼자 울부짖는 소리
눈물을 감추고 속으로 흐느끼는 소리
감미롭게 속닥속닥 꼬이는 소리
환청처럼 계속 들리는 따가운 소리
홀로 외로울 때 들리는 적막
따로 또 같은 소리
마음의 소리

고요한 소리

산속 바람에 흔들리는 쏴아 나뭇잎 소리
계곡을 흐르는 졸졸 시냇물 소리
시내에 앉아 찰싹찰싹 첨벙이는 소리
한여름 쓰르름 매미 소리
가을밤 또르르 귀뚜라미 소리

밤중 사락사락 내리는 눈 속 고요
밤하늘 쏟아지는 별빛 속 적막
너의 말 없는 침묵
한밤 깨었을 때 느끼는 적막함

소리 속에 감춰진 고요
고요 속에 숨겨진 소리
침묵이 말하는 소리
적막 속 들리는 소리
귀 기울이면 들려오는 소리
마음속 울리는 고요한 소리

작은 바람

겹겹 산속 걸어가기
흩날리는 눈을 맞으며 눈밭 걸어가기
깜깜한 어둠 속 들길 걸어가기
잎 떨군 앙상한 나무숲 걸어가기

오랜만에 나온 도심 기웃거리며 걸어 보기
혼잡한 시장통 부대끼며 걸어 보기
비좁은 골목길 비키며 걸어 보기
새벽 여명 희뿌연 거리를 걸어 보기

꿈속에서 울컥 화내지 않기
꿈속에서 괜한 일에 애달지 않기
꿈속에서 좀 초라하지 않기
꿈속에서 많이 외롭지 않기

무조건 박차고 멀리 떠나기
무작정 이곳저곳 헤매기
무한정 넋 놓고 바다 바라보기
무심히 살아가기

물음표

풍성히 달린 도토리 중 몇이 싹이 틀까
또 그중에 몇이 자라 큰 나무가 될까
수백만 정자를 제치고 태어난 우리는 선택된 사람일까
풍요로운 현대에 태어난 것은 복 받은 걸까

수많은 생명이 이내 죽어 나가는 세상에서
살아남은 모든 생명은 행운아인가
우리가 살아가는 것은 축복일까
우리 삶은 나아지고 있을까

출생률 최하위 대한민국은 살기 좋은 나라인가
세계는 정의로운가
역사는 순리대로 흐르고 있는가
나는 행복한가

옛 사진을 보며

이런 것도 있었구나 하는 신기한 느낌
세월의 더께로 가려진 흐릿한 자취
곰곰이 생각하면 알 것도 같은 희미한 기억
그때 그랬지 끄덕여지는 장면
생각해도 기억이 나지 않는 낯선 풍경
뜬금없이 현재로 호출된 과거의 추억들

어머님의 생전 고아한 모습
풋풋한 옛적 아내의 모습
너무나도 해맑은 아들의 아기 때 웃음
이미 기억에서 삭제된 군대 시절 사진들
지금은 먼 곳으로 떠나신 분들의 모습
그러나 대부분 몇십 년 동안 만나지 못한 과거의 인물들

잠시 타임머신으로 옛날로 돌아가면
고향에 온 것처럼 반가울까, 이국에 온 것처럼 낯설까
옛날의 나를 보면 남의 일을 보듯 덤덤할까
아니면 안타까워 더 몰입하고 개입할까

…… ……
그냥 과거는 과거 자체로 가치가 있겠지

과거는 세월 따라 흘러 사라졌지만
앨범은 과거와 현재를 이어 주는 두툼한 구름다리
추억이란 어쩌면 옛 시절에 대한 아련한 향수
영원히 돌아갈 수 없는 화사하고 안타까운 여행
앨범을 덮어도 새어 나오는 아련한 추억

방정식 풀이

모든 판정은 크게 세 가지
X축, Y축, Z축
긍정, 부정, 중립
이편, 저편, 양다리
성공, 실패, 두리뭉실 뭉개기

풀이 과정은
옳은 것
아니 옳다고 믿는 것
그곳을 향해 나아가는 것
정답이 없을 수 있고
답이 여러 개일 수 있지만
그런 고등수학은 어려워 풀 수가 없음

안 풀리면
머리를 들이밀고 골몰하기
답을 찾으려 안달하기
길을 찾아도 보이지 않으면

막무가내로 우격다짐으로 풀어보기

그래도 안 되면
우기거나
포기하기
우길 수도 포기할 수도 없으면
그게 바로 인생

청소를 하며

팡팡 공기를 후려치는 경쾌한 소리
담요를 두 손으로 잡고 팍팍 털어 낸다
윙윙윙 가쁘게 돌아가는 기계 소리
청소기를 구석구석 밀어붙인다

머릿속도 총채로 털어 낸다
털어도 털어지지 않는 눌어붙은 묵은 때
바윗덩이처럼 굳어진 변명 덩어리
나에게서 떨어져 나온 먼지 각질 찌든 때
걸레로 박박 문지른다

살다 보면
돌부리에 넘어져 깨지기도 하고
남의 마음을 아프게도 하지만
정말로 무르고 싶은 기억들
팡팡 두 손으로 털어 낸다

털고 닦아도 흔적이 남네

그대 마음의 상처 가시려나
또 되풀이하는 후회
내가 풀고 가야 할 업보

낚시

어두운 밤
찰랑이는 물결
힘껏 낚싯줄을 허공에 던진다
달도 없는 밤하늘 보이지 않는 암흑 속
풍덩 물속으로 가라앉는 묵직한 무게
무엇을 주고
무엇을 낚으려 하는가

캄캄한 어둠 속 잠을 쫓으며
무엇을 바라고 무엇을 찾으려 하는가
산다는 건 우연과 확률의 주사위 던지기
혹시나 하는 바람 속
손에 쥐는 건 언제나 피라미나 쭉정이
미끼와 떡밥을 잔뜩 뿌린다고
원하는 게 낚이겠는가

하늘에 던지는 낚시질
어두운 밤하늘을 가로지르는 유성

별거 없는 세상 툴툴 털어 버리고
전심을 다해 힘차게 하늘을 가르는 유성
무엇을 던지고
무엇을 낚으려 하는가

비눗방울 놀이

인생은 공空
바람에 날리는 비눗방울
우르르 쏟아지는 허황한 난무
얼핏 햇빛에 반짝이는 백일몽

터질 듯 터질 듯 비눗방울
반짝반짝 무지갯빛 허울
속 텅 빈 허무
그래도, 그래서 고운 자태

바람에 떠도는 비눗방울
부풀어 터질 듯 무지갯빛 환상
한껏 들뜬 철부지
햇빛에 반짝이는 찰라

인생은 공空
헛된 신기루

흔들리며 부서지는 비눗방울
빛바래 스러지는 저녁놀

남해섬 다랑이^{*}

끝까지 내려간 땅의 끝
물을 건너 다다른 섬의 끝자락
마주한 건 벼랑으로 둘러친 쓸모없는 해안선
바다에서 생계가 어려워 쫓겨 오른 험한 산

산비탈을 한 뼘 한 뼘 파헤쳐
한 층 한 층 올려 일군 밭뙈기
농부가 땀으로 이뤄낸 개척의 현장
파내서 쌓은 돌 더미보다 더 흘린 땀방울
붉은 황토에 땀과 한숨이 서려
아린 마늘을 키워 낸다

멀리 바닷가에서 바라본 매끈한 다랑이는
오밀조밀 수놓은 누나의 수틀이라 할까
화가가 그려 놓은 한 폭 유화 그림이라 할까
그러나 곁에서 보는 거칠고 메마른 다랑이는
농부 얼굴 위 굴곡진 주름살이라 할까
농부가 걸어온 고달픈 삶의 무대라 할까

겉으로 보이는 게 전부가 아니라면
농부가 한 조각씩 맞추어 가던 삶의 모자이크이려나

* 다랑이 : 비탈진 산골짜기에 층층으로 만든 좁고 작은 밭. 남해의 다랑이는 경관이 좋아 관광객이 많이 옴.

칼갈이

칼을 숫돌에 간다
슥슥 물을 뿌려 가며
무딘 날을 세운다

칼날을 위해 숫돌은 닳아 없어지고
칼날이 반짝일수록
숫돌은 점점 얇아진다

지난날이 숫돌이 되어 사라져 가도
앞날은 반짝이며 다가오지 못하고
미적미적 뒷걸음치며 멀어져 간다

그래도 갈아야 한다
무딘 날로는 질긴 고기를 자를 수 없는 법
힘을 더해 숫돌에 칼을 갈아 날을 세운다

산 중턱에서

잎 떨군 꺼칠한 나무 위 눈은 내리고
산 중턱 모퉁이에서 발을 멈추네
가파른 길 미끄러지며 헤매다
숨을 헐떡이며 바위에 기대네
가야 할 정상은 아직도 가파르고 먼데
지금껏 올라온 노고가 못내 아쉬워
올라갈까 내려갈까 망설이고 있네

눈이 쌓이려 하면 바람에 날려
가는 가지에는 눈꽃이 피기 어렵네
수많은 바람이 난무해도
산은 제자리를 지키네

차가운 바람에 땀이 식어 써늘하고
휴식으로 지친 몸도 얼추 추스르고
해는 앞서 저만치 가는데
아직도 오르지도 포기하지도 못하고 멈춰 서 있네

자

구름을 달을 재어 보아도
눈부셔 해는 잴 수 없네
님의 마음도 잴 수가 없네

불어오는 바람을 재어 보아도
어디서 어디인지 잡히지 않네
부는 바람은 재어도 자신이 없네
나의 마음도 자신이 없네

뻣뻣한 잣대로 세상을 재려 했었네
작은 눈금까지 챙겨 보았네
휘어지고 낭창대는 줄자로 재고 나서야
세상이 짧고도 길다는 걸 알게 되었네

풍선 2

튕기는 탱탱함은 풋풋한 자신감
실패를 두려워하지 않는 꿋꿋한 자세
맞서 지킨 자신만의 세계

터질 듯 팽팽함은 갈무리 안 된 긴장감
팽팽한 전선을 사이에 둔 불안한 대치
안의 열정이 밖의 세계와 부딪는 성장통

주체하기 힘든 급격한 성장
빅뱅을 시작하는 작은 우주
제멋대로 튀는 달뜬 정열

채울수록 커져 가는 세계
부풀수록 터질 것 같은 불안
사춘기
질풍노도의 시기

연

바람 따라 떠돌던 먼먼 옛날엔 연이 없었다
세월이 흘러 땅에 씨를 뿌리고 곡식을 걷고
때려 박은 말뚝처럼 땅에 매인 뒤에야
바람처럼 훨훨 떠다니고 싶어
연을 하늘에 올렸다

바람 따라 떠나고 싶은 우울한 날
다락에 박아 둔 연을 꺼내서
푸른 하늘에 무거운 마음을 띄운다
연은 바람을 받아 하늘을 가르고
일렁이는 마음도 바람 따라 떠다닌다

연은 바람을 타고 훨훨 날고
허기진 바람은 급하게 몰아치고
바람이 거셀수록 팽팽해지는 연줄
끊어질지언정 풀리지 않는 이생의 굴레
얼레를 풀고 풀어도 얽매는 속박
연은 허공을 박차지 못하고 제자리를 맴돈다

러닝머신

지구는
내가 멈춰도 같이 보듬고 가는데
세상은
러닝머신을 달리듯
달리고 달려야 제자리
멈추면 쓰러져 버리는구나

외발로 힘겹게 버티다
휘청휘청 넘어지고 마는 팽이
넘어지지 않으려 돌고 돌아도
부르르 무너지고 마는 팽이

기적 소리
내리지 못하고 지나치는 간이역
힘차게 달리는 기차
뒤처져 밀려가는 창밖 풍경
차창에 줄곧 비치는 낯익은 얼굴

허수아비

나락이 익어 물결치는 들판
외발로 서서 두 팔을 벌리고
너른 들판에 멀뚱히 서 있는 허수아비
새는 낟알을 탐내어 날아들고
허수아비가 바람에 온몸을 흔들어도
새는 못 본 척 낟알을 쪼아 댄다

새는 허수아비를 깔보고
농부는 허수아비를 믿지 않고
새에 밀려나고 사람에 버림받고
너른 들판 어디에도 허수아비는 설 자리가 없다

시대에 뒤떨어진 허수아비
할 수 있는 게 없는 허수아비
자리만 차지하는 허수아비
그래도 버티며 서 있는 들판의 허수아비

다리

팔을 뻗어서 닿을 수 있다면
친밀하다 한다
걸음을 옮겨도 닿을 수 없다면
소원하다 한다
간절히 두드려도 들이지 않으면
단절이라 한다
서로가 빗장을 열고 오가려 한다면
소통이라 하나?

바지를 걷고 건너던 개울은 흘러 강이 되고
흐를수록 골은 깊어지고 기슭은 서로 멀어져 간다
끝없는 세월 동안 대지를 갈라놓은 강물 위
손을 맞잡듯 철골을 촘촘히 엮은 다리
바람이 오가듯 거침없이 우리는 오고 가나
바람을 붙잡듯 아직은 잡히지 않는 우리의 진심

2부

사계절 순례

눈발

오늘 알았네
끝난 게 끝난 것이 아니라는 걸
눈이 그친 줄 알았는데
아침에 깨어 보니 발목 위까지 쌓인 눈
잠든 사이 엄청 퍼부은 눈

지붕 위 도로 위 푹푹 쌓였는데
아직도 분분히 날리는 눈발
여태 미진한 마음이 남았는가
바람에 어지럽게 흩날리는 눈발

하고 싶은 말을 차마 못 해서
아쉬움에 잠 못 이루다 날이 밝았네
눈은 퍼부으면 되지만
무슨 말을 어떻게 해야 하나
아직도 솔솔 내리는 눈

눈 오는 날

눈이 오는 날에는
나를 채근해
일을 내려놓고
작은 배낭 하나 꾸려
무작정 산으로 가자

눈 덮인 산과 계곡, 나무
눈보라가 손 흔들며 반기는 산으로 가자
순백의 세계에 때 묻은 허울 훨훨 벗어 던지고
순결한 눈 속 뒹굴며 하나가 되자

날리는 눈발에 앞이 안 보여도
뚜벅뚜벅 한 발 한 발 올라가자
눈길에 미끄러져도
숨이 차 헐떡여도
그냥 잊고 묵묵히 올라가자

산 끝에 올라 사방을 둘러보니

눈보라 거세게 몰아쳐 시야를 막고
정상은 좁고 황량한 바위 더미
들뜬 마음 찬 바람에 차분히 식으면
나를 두고
산을 내려가자

도시의 폭설

아침에 일어나 보니
오라지 않았는데 불쑥 찾아온 손님
그러나 싫지 않은 불청객
바삐 돌아가는 세상 잠시 멈추었다 가라고
밤새 하얀 눈이 수북이 내렸네

수북이 쌓인 눈을 밟으며 조심스레 걷는다
거리엔 엉금엉금 기어가는 자동차 몇 대와
날리는 눈만큼이나 분주히 오가는 사람들
입가에 서린 입김처럼 덧없지만 떨칠 수 없는 일상들

내리는 눈을 타고 끝없이 날아가면
먼 북쪽 끝에 있다는 눈의 나라
퍼붓고 퍼붓는 눈
쌓이고 쌓이는 눈
내리는 눈을 바라보다 눈과 섞여 하나가 되고
눈이 끝없이 내리고 쌓이면 어떻게 될까
온 누리를 뒤덮은 순백의 세계

순백의 평화, 순백의 지조, 순백의 환희, 새하얀 여백

훌훌 벗어나고 싶은 어느 날
눈을 떠도 자리에서 일어나고 싶지 않은 날
출근하고 싶지 않은 날
멀리멀리 가고 싶은 날
그래도 마지못해 툴툴 털고 나선 날
눈을 감고 꿈을 꿔 본다
하늘에서 축복으로 펑펑 눈이 내려
잠시나마 온 세상을 멈추게 했으면

겨울 안개

강추위가 물러난 자리에
어디선가 안개가 들어서고
안개는 갈 바를 몰라 서성이다
대지에 주저앉는다

점점 짙어지는 환각 속
보일 듯 보일 듯 신기루 같은 세상
잡힐 듯 잡힐 듯 너울대는 상념들
안개에 얹혀 오는 탁한 물 냄새

보이지 않으면 없어질까
생각하지 않으면 사라질까
잊는다고 잊혀질까
맴돌고 맴돌다 다시 제자리

어둠이 안개 위에 마냥 내려앉아
어느새 드리운 짙은 그늘

이 밤을 지새우고 나면
어둠이 가듯 안개도 사라지려나

춘설

눈이 소담스레 내려
산을 찾아 오르니
가지마다 벅차게 피어난 함박꽃

오는 손님 맞으려
떠나가는 겨울이 펼쳐 놓은
하이얀 주단

구름 한껏 머금고
바람을 잡아 두어
덧없는 인연 늘여 보아도

봄꽃보다 어여뻐
더 애처로운 눈꽃
아침나절 활짝 피더니
바람도 없이
벌써 지고 있구나

봄비 1

떠나보내자 이젠
힘들고 어렵던 시절
감내할 수 없던 차가운 바람도
움쩍할 수 없던 추위도
모두 털어 버리자

내리는 빗물에
찌든 흙먼지 씻어 버리고
안으로 움킨 응어리도 녹여 버리고
부석부석한 흙덩이 찰지게 다져 뭉쳐
마음을 다잡고 무릎을 펴고 기지개를 켜 보자

부슬부슬 내리는 봄비
아직은 춥고 어설퍼도
마음을 열 수 있는 희망
까칠한 꽃눈 감싸 어르는 빗물
언제쯤 터지려나 고운 꽃망울

봄비 2

산들바람이 나뭇가지 헤집으며
아직도 겨울잠에 취해 멍한 초목을
깨어나라고 산들산들 흔들어대네
기다리는 봄이 온다고

앳된 빗방울 나뭇가지를 비집고
꽃망울을 톡톡톡 두드리네
그만 웅크리고 일어나
벙긋 꽃을 피우라고

소록소록 경건히 내리는 비
메마른 땅을 생명수로 촉촉이 적시고
황량한 들판에 새 생명을 피우는
소박하나 뜻깊은 의식

하늘 저 위에서 이 땅으로
먼 길을 찾아온 귀한 손님
아직은 꽃샘추위 쌀쌀하지만
며칠이면 그대 덕에 고운 꽃이 피겠지요

봄

올해도 봄은 화사하게 다가왔다
꽃이 피고 또 피고
지는가 하면 또 피어나는 꽃
이어달리기 경주처럼
봄엔 꽃이 내내 이어서 피어난다
복수초 얼레지 동백꽃 매화 산수유 개나리
진달래 목련 벚꽃 복사꽃 민들레 조팝나무…
봄바람에 하늘하늘 너울너울 춤추는
수줍고, 화려하고, 귀엽고, 청초하고, 고운 꽃들

봄날은 내내 꽃이 풍성한데 인생엔 사뭇 꽃이 드무네
꽃이 사뭇 드무네

이슬비

귀를 기울여도 들리지 않고
눈을 치켜떠도 잘 보이지 않아
손을 펴 내밀어 본다
이슬비

먼 여행길 지친 얼굴로
거리의 날리는 먼지를 다독이며
자신의 초라함에 어쩔 줄 모르지만
오랫동안 기다리던 하늘의 손님이라
우리는 웃으며 기꺼이 너를 반긴다

가뭄은 여름과 가을과 겨울을 휩쓸고 나서
새싹이 돋고 꽃이 피는 시절에도 모질게 몰아붙여
메마르고 황폐해진 이 땅에
너는 하늘의 전령으로 내려와
고대하는 구원의 해갈이 머지않다고 알려 준다

저기 갈라지고 뒤틀린 들판

애타고 피폐한 마음을 적셔 줄 단비
기다리고 기다려도 오지 않는 구원
외쳐 불러도 대답이 없는 갑갑한 침묵
언제인지 알 수 없는 긴긴 기다림 속
답답하고 지쳐 가는 마음

함박눈

펑펑 소담스레 내리는 함박눈
오랜 기다림 뒤
메마르고 뒤틀린 대지에
내려 쌓이는 눈
지난날을 덮고 덮으며 쌓이는 눈

강추위에 움츠렸던 산과 들
함박눈은 포근히 감싸 주는데
메마른 가슴은 아픔을 품어 줄 수 없기에
해묵은 상처와 자해 자국들을
그대로 가만히 묻어 두네

그대 떠나가는 밤
작은 별똥별 하나 가슴을 가르고
온 누리에 새록새록 쌓이는 눈
밤새 눈이 내려 세상을 푸근히 덮어도
덮을 수 없는 시린 가슴 하나

가는 봄

봄은 그냥 지나갔다
꽃이 피고 지듯이
세월이 가고 오듯이
으레 그러듯이

젊은 날도 지나갔다
꽃이 피다가 시들 듯
꿈을 꾸듯
꿈에서 깨어나듯

보내고 나서 돌아보면
항상 남는 아쉬움
푸른 하늘 시원한 바람 흐르는데
마음은 왜 허한가

꽃을 피우자는 마음속 다짐
올봄도 헛되이 지나가고
어느 봄을 기약하나
세월 따라 나이도 흐르는데

폭우

가슴속 울화를 울컥 쏟아붓는다고
가슴에 맺힌 멍울이 풀어지겠는가
무섭게 퍼붓는 비
퍼붓고 퍼부어 응어리가 가셔진다면
아예 혼마저 비에 실어 뿌려 버려라

답답하던 가슴이 울렁거리고
나도 모르게 고함이 터져 나오고
나무를 때리고 풀을 때리고
바위에 부딪혀 나뒹구는 빗방울

비가 억수로 퍼부어도
하늘의 먹구름은 여전히 걷히지 않고
내리는 빗물에 가려 앞이 보이지 않네
빗소리 가득 실려 오는 아우성

쏟아 내려라
대지를 때리는 비

바위를 때리는 비
가슴을 때리는 비

무지개

비가 그치자 하늘에 나타난 무지개
제비가 날아오르듯 날렵한 비상
망설임 없이 박차고 솟구쳐 오르는 단호함
아득한 하늘로 향한 끝없는 갈망

아무리 다가가도 거리를 좁힐 수 없는 도도함
맵시 있게 휘어진 멋진 자태
빨주노초파남보 화려하면서 정련된 색상
무지개는 앞서 달려가는 화려한 선구자

한 발 한 발 오르는 아날로그 계단이 아니라
일필휘지 순간이동으로 도약하는 신화의 세계
오르고 올라도 끝이 없는
굳게 닫힌 천국을 향한 무지갯빛 구름다리

그러나 너무 쉬 사라지는 무지개
수려하고 혼을 빼고 갈채를 받지만
땅에 발을 내딛지 않는 이상주의자
현실에 매이지 않는 영원한 낭만주의자

소나기

펄쩍 뛰는 감정 주체 못 해
불끈 울분을 확 터트리고 나서
아차, 제정신이 들면
구겨진 마음은 한없이 무너져 내리네

불쑥 귀를 때리는 숨 가쁜 파열음
내리쏟는 소나기
온몸으로 내갈기는 거친 포효
세상과 좀처럼 타협하지 않는 불협화음
맺힌 분노와 울분을 거세게 쏟아낸 뒤
이윽고 수르르 잦아지는 빗소리

하늘은 다시 맑아지고
무더위가 한풀 꺾이고
초목은 씻어 내려 청초하고
다시 들리는 쏴아 바람소리

자연은 참으로 무심하구나

장마

한 달 넘어 내리는 비
고집스레 내리는 비
온종일 주룩주룩 내리는 비
무작정 따분한 비

세상은 끈적이고 눅진한 물바다
숨을 들이쉬면 축축이 묻어나는 습기
온몸은 습기가 차 끈적이고
마음은 비에 젖어 울적해
기분은 우울하고 권태로울 뿐

습기 찬 허공에 내팽겨진 채
끌려가듯 마지못해 흐르는 구름
사방은 온통 잿빛으로 물들어 있고
그친 듯싶더니 또 내리는 비
내 마음에도 하염없이 내리는 비

천둥소리

등짝을 후려치는 죽비 소리
정신 번쩍 들어 바라보면
굉음은 저 멀리 가뭇 사라지고
캄캄한 어둠 속 쏟아지는 빗줄기

다시금 번쩍 섬광에 이어
가슴을 쿵 후려치는 소리
소리는 마음을 야수처럼 내몰아
막아선 장애물을 박차고
꽉 막힌 벽으로 돌진하게 한다

빛이 아니라 소리
무딘 마음 흔들어대는 소리
눈이 부신 빛이 아니라 가슴을 울리는 소리
온몸으로 부르르 환호하던 유리창도
몇 숨 만에 시들해 잔잔해지고
캄캄한 유리창에 비친 공허한 내 얼굴

태풍 특보

태풍은 비만 뿌려 대지 않는다
태풍은 바람만 불어 대지 않는다
태풍은 시름도 실어 온다

철새가 날아오듯
이맘때면 먼 곳에서 찾아오는 불청객
가없는 태평양 내리쬐는 뙤약볕 속
가늠할 수 없이 넓고 깊은 대양과
광명과 힘의 원천인 태양 사이
어긋난 상간으로 태어난 괴물
외눈에 여러 개 팔을 휘두르는 옛 신화 속 난폭자
주체할 수 없는 힘과 울분으로 세상을 파괴한다

옛날에는 야차, 아수라, 마귀로 부르다
이제는 사라, 매미, 볼라벤이라 부른다
옛날에는 알 수 없는 하늘의 뜻이라 체념하고
지금은 알고 있는 자연현상이라 포기한다
〈

산사태로 집이 무너지고
폭우로 집과 논이 잠기고
강풍에 폐허가 된 비닐하우스와 양식장
넋이 나간 수재민과 농민 어민들
티브이를 켜면 내내 나오는 태풍 특보

사는 게 옛날보다 다소 낫지만
옛날보다 마음이 편하지 않고
지금도 불확실하고 불안한 건 마찬가지
예나 지금이나 약육강식이 자연과 역사의 매정한 법칙이기에
넘치는 힘은 자연이나 사람이나 파괴로 흐르게 하고
폭력은 폭력을 부르고, 우리는 더 큰 폭력에 기댄다
아프게 벌주지 않고 그냥 보듬어 주는 사랑의 신은 어디 있을까

11월

지금은 잠시 쉬었다 갈 때
욕망은 누르고
말은 아끼고
걸음도 늦추어 보자

붉은 노을이 어둠에 잠기듯
고운 단풍도 마저 흙에 덮이고
숨찬 지난날도 과거란 이름으로 잊혀 간다
손을 멈추고 다가올 세계를 기다려 보자

찬바람도 잠시 주춤한 겨울로 가는 길목
가을과 겨울 사이에 낀 어설픈 공백
때마다 찾아오는 스산한 전경
둘러보아도 모두 손을 놓은 황량한 들판

태양을 도는 지구가 여정을 멈춘 듯한
음울히 고인 잿빛 하늘을 바라보며
다가올 혹독한 겨울을 예감한다

퇴색한 옛날은 흘려보내자

지금은 관망의 시기
새로 땅을 갈아엎는 일은 잠시 미루고
매서운 찬바람이 애타게 부를 때까지
내면을 다지며 기다리는
11월도 끝나가는 하순

3부

꽃, 화양연화

벚꽃

꽃을 바라보면
꽃이 부끄러워할까?
고개를 한껏 위로 젖혀
앙증맞게 웃어대는
뽀얀 얼굴과 마주한다

꽃잎은 바람에 흩날려
꽃비 되어 내리고
우리네 마음은 꿈꾸듯 황홀하나
애처로운 마음에
바람이 자기를 고대한다

외따로 혼자보다
무리 지어 어울려야 아름답구나
얼굴을 맞대고 소곤거림이
먼 옛날 철없이 노닐던 시절
우리네 마음과 같아 보여
이리도 사람들이 모여드는구나

틈새에 핀 꽃

길가 깨진 보도블록 틈새에 핀 자그만 풀들
민들레, 강아지풀, 씀바귀, 이름 모르는 풀
기름지고 널따란 옥토 놔두고
비좁고 궁핍한 자리에 피었네

가냘픈 줄기에 꽃씨 뭉치 봉긋 피운 민들레
귀엽게 꼬리 흔드는 강아지풀
바닥에 엎드려 있는 씀바귀
억센 줄기 외래 귀화식물
거친 뙤약볕 쬐며 외로이 서 있네

언덕배기 좁은 골목을 내려가면
삐뚤빼뚤 서 있는 작은 집들
갈라진 벽, 녹슨 대문, 벗겨지고 퇴색한 도색
급격한 비탈에 굴러 내릴 것 같은 자동차
할머니와 마실 나온 꼬마 아이야 조심조심 넘어질라

동글동글 하얀 솜사탕 같은 민들레 꽃씨

바람 불어 하늘로 날아가는 씨앗들
한들한들 외로운 낙하산 어디에 떨어지나
요번 생엔 넉넉한 터에 정착해 오손도손 피려무나

고흐의 해바라기

배경을 하늘색에서 파란색으로 또 노란색으로 바꿔 보고
꽃병에 몇 송이 더 넣기도 꺼내기도 하고
맵시 잡아 이리저리 꽂아 보며
또 해바라기를 그려 낸다

제비가 집을 짓듯
한 땀 한 땀 물감을 찍어 발라
꼬불꼬불 굴곡진 인생길 그려내
팔랑개비 돌 듯
해바라기 돌아가고
비틀비틀 인생도 에돌아간다

퀭한 눈 앙상한 손으로
꺼져 가는 생명을 끝까지 짜내
해바라기는 불꽃처럼 이글대며 살아나
거친 갈기의 사자가 포효하듯
피어나라 이 세상에
맺힌 가슴 활활 타오르게

〈
꿈꾸듯 꿈을 몰아 피어오른
이글거리는 노란 꽃송이
모질고도 귀한 생명
산모가 목숨으로 바꾼
영혼의 창조물

고목

훨훨 떨치고
무궁화 열차에 몸을 맡기면
차창 밖에 흘러가는 원경

색색으로 치장한 허울을 털어 버리고
혹한의 바람 속 알몸을 드러낸 고목
본질을 가리는 가면을 벗어 던지고
맨몸으로 떳떳이 나설 때
가식 너머 진실은 보인다

견고한 땅속에 뿌리를 우겨 박고
아름드리 덩치로 버티고 서서
숱한 세월을 보낸 고목
휘어져 뻗은 메마른 가지
텅 빈 하늘에 간절히 내민 손
찬바람에 떨리는 앙상한 팔

허공을 바라보며

지난 세월을 곰곰 추억하는 고목
바람처럼 가 버린 시간
굳이 잡으려던 헛된 몸짓
흐린 하늘
웅얼대는 바람소리
회한

동백꽃

흰 눈 속에서 피어나는 선홍빛 설화
윤기 나는 진초록 잎새와 붉은 꽃
도톰하고 반짝이는 늘푸른잎에
입 맞추려는 듯 반쯤 벌린 붉은 입술
화려하지 않고 소박하지만 수려한 새색시

피는가 하면 고대 지는 불우한 생명
삶을 접고 툭 떨어지는 붉은 꽃
초췌한 대지 위에 흩날리는 몸부림
삶과 죽음의 엇박자
욕망과 허무의 데칼코마니

살짝 움을 터트리는 꽃봉오리
산다는 게 모질고 헛될지라도 다시 움트는 생명
생명력은 악착스럽고 끈질긴 것
끊임없이 계속되는 삶과 죽음의 반복
잠깐 피었다가 지는 시린 생애
〈

다시 떨어지는 한 떨기 꽃
흩날리는 춤사위
가슴을 두드리듯 회오리치는 마음
우두커니 바라보네 낙화의 안착
삶은 평온할 수 없는가

목련꽃

목련이 드디어 피었네
꽃망울을 살짝 내민 채 열흘쯤 새침 떼더니
옷자락을 살짝 열어 속살을 내비치네
꽃빛은 함박눈보다 순결하고
살포시 다문 입술의 가녀린 속삭임에
아련히 가슴이 설레이네

벌린 듯 감싼 듯 부여잡은 앳된 꽃잎과
무르익어 춤추듯 너울대는 꽃잎
거기에 옆으로 새초롬히 삐친 꽃잎 하나
화려하지 않으면서 아름다울 수 있고
올곧지 않으면서 고결할 수 있다는 걸
목련꽃 그대가 보여 주는구나

아름다움은 잠시라고
손에 쥐면 사라지는 행복처럼
오래 간직할 수 없는 거라지만
지금의 청초하고 고결한 자태에서

어느 날 처지고 검버섯이 피다가
기어이 땅 위에 시체처럼 뒹구는 그대
그땐 차마 볼 수 없어 얼굴을 돌리겠지
아서라 지금 이 아름다움도 벅찬데
앞일을 미리 걱정하는 건 어리석은 거다

목련이 흐드러지게 핀 봄날
그대를 바라보며
봄의 향취에 잠시 취해 보는 것도 좋지 않은가

여의도 벚꽃놀이

종이꽃같이 도시 꽃은 어설프다
나들이 나온 사람처럼 도시의 꽃은 들떠 있다
화장을 지운 여인처럼 도시 꽃은 조촐하다
그래도 바람에 날리는 도시의 꽃은 낙엽만큼 애틋하다

사람은 밀리고 치어 오가지 못하고
꽃나무도 사람에 싸여 쇼윈도의 마네킹처럼 어정쩡한
먼지 펄펄 날리는 여의도벌
꽃만큼 많은 사람들
꽃보다 다채로운 사람들

한 뼘 풀밭 위 음식을 나누며
피어나는 웃음 웃음 웃음
꽃보다 밝은 얼굴들
꽃처럼 예쁜 얼굴들

가설무대 음악소리도 시들해지고
서편에서 노을이 밀려오면

날리는 꽃잎을 뒤로 하고
흘러가는 강물처럼 우리도 떠나야 할 시간
안녕 즐거웠던 시간
그대와 함께해서 즐거웠던 시간

벌을 바라보며

새끼손톱보다 크고 엄지손톱보다는 작은
둔덕 밑 이름 모르는 들꽃 무리
벌만한 꽃에도 벌은 날아든다
벌은 소박한 꽃도 마다하지 않고
약소한 대가에도 찡그리지 않고
꽃이 있으면 기꺼이 찾아간다

벌을 보아라
춤추듯 날개를 신명 나게 흔드는 것을
새 생명으로 대를 잇게 함은
하늘이 내리신 귀한 소명
벌이 얻은 것은 한 방울 꿀만이 아니라
더 달콤한 기쁨, 베푸는 기쁨이기에
고된 노동에도 저리도 신이 나는구나

벌처럼 살 수 있을까?
가난해도 떳떳하게
외로워도 꿋꿋하게

하늘이 주신 소명을 찾아가며
힘겨운 세상 별처럼 신명 나게 살 수 있을까?

하루살이

물속에서 한두 해 묵다가
물 밖 세상은 겨우 며칠
사람들은 날벌레의 군무를 허접스럽다 한다

전생은 억겁이라 하나
현생은 길어야 백 년 인생
누군가는 사람들의 악착을 부질없다 한다

한여름 햇볕이 가장 뜨거울 때
하루살이는 시원한 시냇물을 뛰쳐나와
불을 찾아 몸을 살라 버린다

불 속에서 타다가 불꽃처럼 피어나는 불사조
전설은 불꽃처럼 황홀히 반짝이는데
하루살이도 불사조처럼 불꽃으로 타오를 수 있을까

귀뚜라미 소리

가을밤 또르르 귀뚜라미 소리
요즘 귀뚜라미 소리를 들어 보았는지요
옛날엔 가을밤 귀뚜라미 소리가 일상이었지요
그땐 서울 한복판 가로수에서
하늘소와 사슴벌레를 잡았지요

옛일은 지나간 바람과 같아
찾을 수도 잡을 수도 없지만
어느 건 머릿속에 화석이 되어 또렷이 남아 있지요
"귀뚜라미가 또르르 우는…" 노래가 생각나네요

옛 추억은 오래된 앨범 속 사진처럼
누렇게 바래고 부옇게 퇴색했지만
빛바랜 옛날엔 별이 총총 반짝였지요
그대는 살아오면서 언제가 제일 반짝였나요?

갈매기

연포 바닷가 모래사장의 갈매기 떼
뿌려진 새우깡에 우르르 몰려드는 갈매기
조심조심 몇 발 걷다 깜짝 놀라 도망치고
잠시 뒤 다시 몇 발자국 다가서고
사람이 없는데도 겁먹고 몇 번을 되풀이하다가
새우깡 몇 개 급히 삼키고 황급히 날아간다

삶이 새우깡에 희롱당해도
주린 배를 채우려 먹이에 매달리고
살아남기 위해 동료와 아웅다웅하고
희망을 버리고 미련을 버려도
주룩주룩 내리흐르는 삶의 비애
삶이 꿈같이 허황하고 무의미해도
살아가는 건 끝없는 발버둥

삶이 버거워도
삶이 보잘것없이 우스워도
갈매기야 훨훨 날아라

날갯짓이 무거워도
현실의 비애를 떨쳐 내고
갈매기야 훨훨 날아라
흐린 하늘 거친 파도 너머
어두운 밤 폭풍우 너머
갈매기야 훨훨 날아라

지렁이

어릴 적에
지렁이에 쉬를 하다
고추가 빨갛게 부어오른 친구가 있었지

아이는 힘주어 오줌을 갈기고
지렁이는 꿈틀대며 온몸으로 받아 내고
방울방울 고추에서 물이 그치면
아이는 옷을 추스르고 돌아섰지

아이는 지렁이를 심심풀이 노리개로 삼았을 뿐
하찮은 지렁이에게 관심도 감정도 없지
신이 인간에게 그러하듯
인간이 다른 인간에게 그러하듯

꿈틀대며 아파하는 지렁이
지렁이로 태어난 죄 때문인가
그보다는 때린 아이 잘못인가
옆에서 생각 없이 지켜본 내 잘못은 얼마나 될까

물

물은 높은 자리를 버리고
굳이 낮은 곳으로 흐르려 하고
물은 좁은 물길을 뛰쳐나가
훨훨 너른 곳으로 가려 한다
물은 집착하지 않고
흘러 흘러간다

꽁꽁 얼어붙은 얼음은
타는 갈증을 식혀 주는 청량수가 되고
바람에 가벼이 사라지는 수증기도
언 손을 호호 녹여 주는 따뜻한 입김이 된다

물은
차가우면서 뜨겁고
부드러우면서 강하고
맑으면서 깊이가 있다
물을 바라보면 옹졸하고 못난 내가 비친다

밤하늘

밤하늘을 떠나간 별이 아쉬워
도시에는 화려한 등불이 피어나고
등불이 반짝일수록 밤하늘은 더 어두워지고

아직도 기억 속에 남아 있네
흐릿하게 흐르는 은하수
손가락으로 짚어 보던 국자 모양 북두칠성과 북극성
은하수 나루터의 견우와 직녀, W자 모양 카시오페아

어릴 적 살가운 풍경은
오랜 세월에 씻겨서 희미해지고
사람과의 추억도 마찬가지
거센 세파에 치이고 쓸리며 멀어져 간다

온 도시를 뒤덮은 허황한 등불
갈수록 번잡스럽고 경박해지는 도시
어두운 밤하늘
보이지 않는 별

바람개비 1

아이가 달려가니 바람개비가 따라 돌아간다
곱게 칠한 색깔도 같이 돌아간다
바람이 거세지니 바람개비도 따라 빨라지고
곱던 색들은 맴돌다 어느덧 점점 흐려진다

바람개비가 돌 듯 지구도 돌아간다
드리운 빛과 어둠이 돌아 하루가 가고
색색의 봄 여름 가을 겨울이 맴돌며 계절이 바뀐다
바람개비가 멈추어도 지구는 돌고 세월은 쌓여 간다

또닥대며 바람개비 만들던 시절은 흘러가고
세상에 대한 호기심도 시들한 지금
사라진 것에 대한 아쉬움보다 더 벅찬 변화들
예전에 세상을 바라보며 소년은 어떠했을까?

바람개비 2

바람개비는
바람이 셀수록 더 세게 돌아가지
연약한 몸체
마른 뼈대
거센 바람에도 굽히지 않고
바람개비는 더욱 힘차게 돌아가지

꽃송이
거센 바람에 흩날리는 꽃송이
어여쁘나 애절한 춤사위
애처로이 나도는 못다 핀 꿈
삐걱거리며 힘겹게 돌아가는
내 영혼의 바람개비

바람개비 3

밤하늘을 바라보면 은하수는
강물이 흘러가듯 고요하고 잔잔한 흐름
사진으로 본 우리은하는 돌돌 돌아가는 바람개비
나선 팔을 날개처럼 펼치고 늠름하게 나아가지

어둡고 끝없는 우주 속
무한한 우주에 비하여 은하는 작고 작기에
드넓은 우주 속 우리은하는 흩날리는 먼지 한 개꼴
힘내어 바람개비처럼 돌고 돌아도
가없는 쳇바퀴…
그래도 가야 하는 길

밤하늘엔 촘촘히 별이 많고
은하도 수없이 많지만
가까운 은하도 가기엔 너무 먼 거리
가까이할 아무도 없어
홀로 외로이 가야 하는 길

4부

어두운 그늘

어둠

불을 꺼서
어둠을 부르면
언제나 다정하게 다가오는 친구처럼
어둠은 기척도 없이 내 곁에 자리한다

어둠은 빛 대신 방에 포근히 드리워
초라한 나를 덮어 주고
처진 어깨를 감싸 주고
지친 마음을 안아 준다

어둠 속에서도 설핏 윤곽이 보인다
캄캄한 어둠 속에서도
희미한 잔광이 보이고
꺼질 듯 가냘픈 숨결이 느껴진다

캄캄해 보이지 않아 찾을 수 없어도
어딘가 있을 길을 생각한다
억누른 숨을 길게 내쉬고
어둠 너머를 바라본다

자폐

나는 잘 모르겠다 너의 마음을
네가 슬픔에 잠겨 울적해도
나의 가슴엔 너의 아픔이 그다지 와닿지 않아
내 가슴은 나만을 생각하나 봐

우리는 점점 더 멀어지고
서로 가까이 다가가려고 하지 않아
좁혀지지 않는 우리 사이 거리는
건너가기 힘든 수렁인가 봐

어둠에 갇힌 듯
두꺼운 담요를 뒤집어쓴 듯
숨이 답답하고
눈 떠도 보이지 않는 암흑

가슴이 닳고 무디어져
점점 다가갈 수 없는 너의 마음
내가 너의 아픔을 느끼지 못해도
'많이 아프냐'고 말해 볼까

치매

찬바람이 불면 새는 둥지를 날아가고
소중한 기억도 하나둘 낙엽 되어 떨어진다
기억은 사람과 사람을 이어 주는 끈끈한 가교
기억은 영혼이 간직한 소중한 메모리 칩
잊고 싶었을까
나를 잊어버리고
짊어진 고뇌 벗어 버리고 싶었을까

소중한 기억이 야금야금 사위어
영혼이 송두리째 날아가
나 자신을 잃어버리고
모든 인연이 끊어지는 치매
맺은 정은 소중하고 애틋하기에 더욱 가슴이 아프다

슬픔은 더해 가고
갈수록 짐은 무거워지고
갈수록 지쳐 가도
끝까지 홀로라도 그대를 지켜 주리

병문안을 다녀와서

쇠약한 닭은 허기를 참으며
며칠 모이를 끊어, 일 년의 기력을 찾고
늙은 매는 아픔을 참아 내며
낡은 깃털과 발톱을 뽑아내, 십 년의 젊음을 얻고
불사조는 죽음을 무릅쓰고
타오르는 불에 몸을 던져, 백 년의 새 삶을 이룬다
우리도 나이 들어 술 담배를 끊고
병든 내장과 뼈를 도려내, 얼마의 삶을 연장한다
앞으로 살아가며 얼마큼 힘들고 아파야 하나

이 세상 훌훌 털고 일어서는 건
가진 게 없으니 아쉬운 것도 별로 없으나
마음이 아픈 건
사랑하는 사람을 보지 못하고
사랑하는 사람을 아프게 하는 거겠지

불사조는 영원을 향해 날아가고
부나비는 호롱불에도 부질없이 치닫고 집착한다

세상사 부나비처럼 뒹굴고 부대끼며 살아가다
언젠가는 서로를 떠나가지만
우리네 생로병사가 오로지 하늘의 뜻만은 아닐 게다

* 1연, 2연은 주 내용이 친구가 한 말을 옮긴 것임.

술을 마시면

술을 마시면 썰물이 지듯 근심이 빠지고
그래서 행복하다
술에 취하면 근심이 훌훌 날아가 사라지고
술이 깨면 근심은 어느새 쓰린 속에 돌아와 있다

술을 마시면 묶은 끈이 풀려 느슨해지고
그래서 얽매이지 않고 호기롭다
술에 취하면 호기롭게 카드를 긁어 대고
술이 깨면 새벽 찬 바람에 투덜대며 후회한다

술을 마시면 축지법으로 서로의 거리가 줄어들고
그래서 서먹함이 사라진다
술에 취하면 모두 같이 하나가 되고
술이 깨면 울렁거리는 나 하나도 주체를 못 한다

술을 마시면 세상이 작고 느슨하고 줄어 보여도
술을 마시면 마음이 행복하고 호기롭고 활달해져도
그래도 세상이 만만해 보이지 않는다

술을 들이켜면 은밀한 보금자리를 찾아
조그만 자리 하나 마련한다
먼 옛날 기억 속 푸근한 어머님의 요람

비틀댄다고

비틀댄다고
술 탓으로 돌리지 말자
똑바로 걷기 힘겨워
술김에 다리를 휘청거리는 것

실수했다고
술 탓으로 돌리지 말자
올곧게 살기 버거워
술김에 마음을 놓아주는 것

나약한 정신과 치졸한 욕망에
한 발 한 발 물러서며
하나하나 내주고 나서
투덜대지도 자위하지도 말자

술 마시고 돌아오는 밤길
반쯤 깬 의식에 떠오르는 헛짓
정신은 어디에 놔두고
몸만 집으로 찾아왔구나

블랙홀

빛까지 통제된 미지의 검은 구멍
과도하게 집중된 힘은
자기 자신도 파괴해 작은 점으로 몰락한다
무엇도 벗어날 수 없는 중력의 굴레 속
미친 듯 모든 걸 집어삼켜 으깨 버리고
끝내는 시간마저 붙잡아 멈추게 하는 블랙홀
이해할 수 없고 수용할 수 없는 불가사의한 존재

빛이 차단된 어둠의 세계
찌그러지고 뒤틀린 사회 구조 아래에서
끝없이 욕심을 채우는 탐욕의 무리
매일 쳇바퀴 도는 악몽 속에서
되풀이되는 수치와 모욕
쇠사슬처럼 얽매는 계급의 굴레 속
미래가 존재하지 않는 절망뿐인 현재
수만 광년 너머 은하 중심에 있다는 블랙홀은 먼먼 세계
우리 사회가 바로 비정한 절망의 블랙홀

노아의 방주

1.
40일 내내 퍼붓는 비
온 세상은 물에 잠기고
많은 생명이 물속에 잠겨 사라진 채
방주 하나 홀로 떠돌던 먼 옛날
고집스런 누구의 뜻이기에
모두 다 멸망하고 사라져 버린
공허한 죽음의 물바다

2.
한 달 넘어 계속 내리는 비
채소와 과일은 썩어 가고
지구 저편은 계속되는 가뭄에
곡식과 가축은 말라 죽고
메마른 산엔 산불이 나 꺼질 줄을 모르고
폭우, 태풍, 폭염, 가뭄, 한파, 폭설, 지진, 해일…
재해의 맞춤 세트
어느 하나 부족하지 않은 재앙의 백화점

〈

역사는 반복되어
눈앞에 닥친 멸망을 다시 본다
바다와 땅과 하늘에서 들이치는 재앙
상상 속의 허황된 신이 아니라
손에 닿는 모든 걸 파괴하는 파멸의 신
지구의 모든 생명과 자원이 인간의 소유물이라는 망상
나를 위해서는 남을 해쳐도 상관없는 이기주의자

우리 스스로 구원하지 않으면 구원받을 수 없는 객관적 현실
우리가 더럽힌 세상 누가 치우랴
먼먼 옛날 노아의 방주
힘없던 우리는 신의 폭거에 속수무책 절망했지만
힘이 생긴 우리는 예전의 신처럼 세계를 파멸시킨다
끊임없는 탐욕은 목을 조여 오는 올가미
스스로 자신을 파멸시키는 어리석은 존재

지구 열병*

코로나로 고생했다
섭씨 39도를 넘는 고열에
오한으로 온몸이 떨리고 땀이 줄줄 흘렀다
코와 목이 아파 숨쉬기 힘들고
끙끙 앓으며 온몸을 뒤틀었다
이놈의 바이러스
이를 부득부득 갈았다

우리가 열병에 시달리듯 지구도 열병을 앓는다
사람은 체온이 1도 오르면 으스스 몸살기가 있고
2도 오르면 고열과 오한으로 고생하고
3도 올라 섭씨 40도가 되면 생명이 위급하듯
지구도 1도 올라 지금 몸살을 앓고 있고
장차 2도 오르면 전 세계에 무서운 재앙이 닥치고
3도 오르면 지구 생태계가 파멸할 위험이 있다
우리가 열병에서 이기려면 바이러스를 몰아내듯
지구를 열병에서 구하려면 바이러스를 제거해야 한다
이산화탄소라는 바이러스를

〈

지구 열병으로 북극 지방은 얼음이 녹아내리고
드러난 땅은 햇볕을 더 많이 받아 뜨거워져
기어이 꽁꽁 얼어붙은 영구 동토를 녹여 버린다**
땅속에 봉인된 온실가스와 옛 바이러스는 뛰쳐나오고
뛰쳐나온 악령들과 싸워 인류는 이길 수 있을까

부쩍 달아오른 열기로
얼음이 녹아 육지는 바닷물에 잠기고
기후 불순으로 점점 거세지는 태풍 홍수 가뭄
급격한 기후 변화의 재앙 속에서
우리 인류는 끝내 살아남을 수 있을까?

* '지구 온난화'에서 풍기는 느낌은 위기감이나 절박함이 덜해 '지구 열병'이라고 좀 더 강하게 표현했다.

** 영구 동토 : 남북극 외에 주로 북극 부근 고위도 지방인 시베리아, 알래스카, 캐나다 북부, 그린란드에 광범위하게 분포한다. 영구 동토가 녹으면 미생물의 분해 작용에 의해 메탄 등 온실가스가 나오며, 또한 유기물 속에 휴면하고 있는 고대의 바이러스가 활성화되어 전염될 수 있다.

2080년

티브이에서 태풍 특보를 계속 방송한다
태풍이 지나간 지 며칠 안 돼 또 태풍 경보가 발령되고
태풍이 서해안으로 올라와 곧 서울에 닥친다 한다
아열대 기후라 겨울은 없고 건기와 우기로 나뉘어
건기에는 사막같이 뙤약볕만 내리쬐고
우기에는 물 폭탄과 태풍이 엄습한다

2020년 기온은 산업혁명 때보다 1도 넘게 오르고
2080년 기온은 2020년보다 2도 올라
지금은 산업혁명 때보다 3도가 높다
사람으로 치면 3도가 올라 체온이 섭씨 40도가 된 셈이다
해수면 상승으로 대부분 바닷가는 물에 잠기고
인천 부산 등 몇 군데만 겨우 둑을 쌓아 물을 막는다

수면 상승으로 전 세계 바닷가와 강가는 물에 잠겨
물을 피해 피난을 가야만 하고
반대로 아시아 아프리카의 내륙은 사막으로 변해
물이 없어 사람이 살기 어렵다

경작지 감소와 자연재해로 세계는 극심한 식량난에 시달리고
식량과 자원이 부족한 나라는 더욱 고통스럽다

영구 동토 해빙으로 땅속에서 옛 바이러스가 깨어나
파멸적인 질병이 전 세계로 퍼져 사람과 가축이 죽고
세계의 경제와 교통이 몇 년째 통제되고 있다
부국보다 빈국, 부자보다 빈자가 더 힘겹고
질병과 죽음, 궁핍과 기아, 도덕 붕괴와 범죄
사방 어디에도 빛이 보이지 않는다

제6차 대멸종*

생물이 거의 다 사라진 대멸종 사태가
지구 역사상 징검다리 모양 다섯 차례 있었다
수십만 년 동안 지속된 지구의 가혹한 징벌
생물의 흥망성쇠는 비정한 자연선택의 결과이지만
지구에 사는 생명체에게 너무나 혹독했던 지옥 시대

이름 외우기도 힘든 다섯 차례 대멸종
오르도비스기, 데본기, 페름기, 트라이아스기, 백악기 말의 대멸종
다섯 차례 대멸종을 꿰뚫는 공통점은
예외 없이 공룡 같은 최상위 지배층의 몰락
다가올 제6차 대멸종이 인류를 덮칠 것도 모르고
우리는 무모하게 칼춤을 추고 있다

만여 년 전 혹독한 빙하기가 끝나고 살 만해지자 인류가 저지른 만행
매머드, 마스토돈, 땅늘보, 털코뿔소 등 대형 동물 절멸은
제6차 대멸종의 예고편

20세기 들어와, 수십억 마리이던 여행비둘기 멸종은
제6차 대멸종을 향한 본격 출정식
인간 탐욕이 빚어낸 학살극은 이미 시작되었다

지구는 살아 있는 생명체[**]
인간과 자연은 서로 얽혀 사는 운명 공동체
다른 생물이 살 수 있어야 인간도 살 수 있다는 당연한 진리
더불어 살아가는 유일한 보금자리 지구
오염된 땅과 물과 공기 속에서 모두 허우적거리고 있다
탐욕스러운 인간은 눈앞의 이익을 위해 자연을 파괴하고 착취하나
다가올 제6차 대멸종은 인류를 절멸로 몰아넣는 자책골이다

참고 참다 터트리는 자연의 징벌
코로나 같은 질병의 창궐이나
태풍 홍수 가뭄 등 자연재해에 더해
인간이 일으킨 남획, 환경 오염, 서식지 파괴, 급격한 온난화
인구 폭발, 무분별한 개발, 원자력 사고, 비참한 전쟁 등

모두가 파멸을 향해 굴러떨어지는 제6차 대멸종

* 제6차 대멸종 : 과거 자연이 일으킨 다섯 번의 대멸종과 달리, 현재 인류가 일으키고 있는 지구 생물의 멸종 사태를 말한다.

** James Lovelock이 제안한 '가이아 이론'은 지구를 살아 있는 생명체로 본다.